JN409278

고양이 골목

김경식 외

고양이 골목

김경식 외

다시올

■ 차례 ■

시

김경식

김영은

김진수

김해미

박병원

서영용

■차례■

전망

우애자

우옥자

이순선

■ 차례 ■

이영균

이진환

조영환

최명심

최창순

수필

송옥임

고양이 골목

전망

김경식

충북 보은 출생. 《다시올문학》 신인상(시), 《스토리문학》 신인상(수필)
시집 『적막한 말』 수상집 『마음에 걸린 풍경 하나』

시인인 척 외 4편

김 경 식

시인인 척
고뇌하는 척
하자

아무개 하면 떠올릴 만큼
번듯한 시 한 편 내놓은 적 없지만

갈고 또 벼려서
퍼렇게 날이 선 수십 편
가슴에 담아 두고 있다고

지는 꽃 앞에서
다 알아듣는 양 끄덕거리고
이따금 받아 적는 시늉도 하고

누가 흘렸는지 바람에 묻어온
울음 한 음절 입에 물고 큰길 달려가면서
꺼이꺼이 목을 놓으면서

본디 말이 아니라고
시는 이렇게
몸으로 쓰는 것이라고

방생(放生)

낡은 책갈피
빛바랜 사진 한 장

너의 어깨 위에 시무룩
봄 햇살이 시들고
강물소리 들리지 않는다

너무 오래 가둬 두었구나.
다시 흐를 수 있게
빗장을 풀 일

우거진 산 그림자를 안고
저의 바다에 닿을 수 있게
이제는 그만 놓아줄 일

옛 사진 한 장
배를 접어 들고
스무 살의 배경을 찾아
길을 나선다

내력(來歷)

봄날 저녁
애쑥을 뜯어 돌아가는 길이었을 것이다
못가에 앉아서 손을 씻을 때
저쪽 기슭에서 흘러온 물결이 은근슬쩍 치맛단을 적시자
어미는 배가 부르기 시작했다

물의 아들 서동(薯童)은 한자리 가만있질 못하고
들로 산으로 떠돌다가 마침내 서라벌에 이르렀을 터

선화(善化)의 소문을 들었지만
미천한 신분에 언감생심,
헛헛한 마음이나 달래 보자고
노래를 지어 불렀을 것이다

선화 공주님은 남 몰래 혼인하고
맛둥방을 밤에 몰래 안고 간다네

아이들 입을 타고 슬근슬근 대궐까지 흘러간 노래가
궁인(宮人)들의 귀를 간질이자
지엄하신 임금님 격노하셔서 궐문을 활짝 열어젖히고

울면서 쫓겨난 공주를 얻어
서동이 고향으로 돌아왔을 때

허어 참, 씨도둑은 못한다더니!
어미는 참말로 먼저 떠난 지아비가 그리웠을 것이다

괜찮다

끼루룩
끼루룩
새가 날고 있다

큰 기역 자(字),
거친 바람 가르는
정연한 대오(隊伍)

어린 날개 힘에 부쳐 뒤쳐졌다가
화들짝 놀라서
끼룩 끼룩 끼룩

괜찮다, 울음소리 한 음절 속에 삼켜도
세상 한번 발깍 뒤놓는대도

돌아보면 우리 사랑도 그러했느니
소란하게 들끓던 가슴도 한때
꽃 한 번 피었다 지는 사이
흔적 없이 가라앉았느니

끼루루 끼루루루
헛날개 치며
어미 새 안타까이 기다렸다가

겨울새들 한데 어울러
하늘 끝으로 날아간다

끼루룩 끼루룩

흘린 밥

아내가 늦는 날은 노을도 시들하다
어둡기 전 허기를 지우려 쌀을 씻는다

손 적시기 싫어
두어 번 바가지를 흔들다 뜨물을 따를 때
조르륵 쌀알이 흘러내린다

배수구 거름망
음식물 쓰레기에 뒤섞인
쌀 알갱이들,

나는 한 숟갈의 밥이 아니라
고향의 맑은 햇살과
풀꽃 한들대는 바람 한 폭을
덧없이 흘려 버린 셈이다

메벼나 찰벼 자르르한 햅쌀도
흠씬 젖지 못하면 밥이 되지 않는다

빈속 흐뭇이 달래지 못해
중국집 번호를 뒤적이는
쓸쓸한 저녁

김영은

2003년 《시사문단》 신인상, 도서출판 다시올 대표
동인시집 『어떤 초상화의 모티브』 외
계간 《다시올문학 》 발행인 maxim3515@naver.com

오래된 사유 외 4편

김 영 은

방향을 잃은 낙엽이
감쪽같은 풍경으로 추락한다
생멸(生滅)의 깨달음을 터득하고
한해를 이탈하는 적멸(寂滅)이다
풍경 그대로 붉기만 한 여린 마음
뒤돌아보면 까닭 없는 눈물 자국
가혹하게 바스락거리는 천의 잎새
본데없이 슬픈 것이 막무가내여서
까맣게 잊고 있던 옛 연인
'이브 몽탕' 의 고엽(枯葉)조차도
사만 팔천의 방황 어쩌지 못하고
움직임을 잃어버리는 순간
눈물보다 더 가벼운 옛 그림자
기억을 말리는 시간조차
몸을 추스르듯 털어내지 못한
적멸(寂滅)의 바람이 분다
미완의 인연 푸르게 완성하는
그 생멸(生滅)바람이

고독을 사육하다

오래된 마룻바닥이 삐거덕거린다
손길이라고는 느껴보지 못한
대들보에서 내는 신음처럼
홀로 느낄 수 있는 최상의 고독과
독대하며 에스프레소를 마신다

정적을 고독으로 토해내는 적막은
눈과 귀만 편안한 게 아니다
오장육부까지 차고 올라오는
황홀한 중독처럼 길들어
치사량의 한기처럼 스며든다

고독 & 에스프레소, 외롭다거나
쓰디쓴 고통의 표현이 아니라
금단의 선을 넘어 온전히 즐기는
하지만 가까이 하기엔
아주 특별한

고독을 학습하다

밭과 논, 산으로 경계 지어진
초록의 숲 홀로 독차지하는 유월

고독 속으로 침잠하는
쓰디쓴 에스프레소의 달콤함처럼
혼자라서 외로운 게 아니라
홀로이지 못해서 고독이
위로한다는 것을

혼자이면 둘이, 둘이면
혼자가 되고 싶은 미묘함이
습관처럼 엄습해 홀로일 때
침묵을 수련하며 온전히 느낀
충만함을 비로소 알았다

창으로 초목이 지친 한낮을 바라보다
혼자 조용히 있지 못해서 불행하다는
독신자 블레즈 파스칼을 생각한다

홀로 외로워서 즐거운 고독
실제 온도와 체감 온도의 차이만큼
미묘한 기술 오롯이 터득했다

방동사니

물속에서 잘 자란다는
수초를 분양받았다
날을 세운 듯 힘찬 줄기
푸르고 서릿발 같은 틈새로
얼핏 날 선 젊은 날이 보였다

새순을 올리려 잎을 자르며
동방사니라고 정성들이는데
마실 온 지인이 물가에서
서식하는 풀이지 동방사니가
절대 아니라고 한다

제대로 된 풀의 학명을 찾아
방동사니를 알아온 지인은
풀이면 어떻고 수초면 어때
애지중지 키우는 게 중요하지

그래
방동사니, 동방사니면 어때
업신여기는 풀이라도
군자의 기개를 갖추고
푸르게 잘 크고 있는데

여름 한가운데

올여름 기어이 마당에 꽃불을 매달고야 말았습니다.
잡초 대신 뽑혀나가는 수난에도 몰살당하지 않고
노동의 대가처럼 색색의 꽃등을 환하게 밝혔습니다.

밟히면 일어나고 엎어지면 악착같이 매달려
눈과 코가 지리멸렬해질 때까지 기어이
꽃불을 피우고야 말겠다는 일념으로
쓰러지지도 못했습니다

나는 여름 한가운데 동그마니 있었습니다.
넓은 마당이 꽃들의 축제로 잠식되어갈 때
운명처럼 나의 노동은 맥없이 끝나버렸습니다.

* 이성복의 "그 여름의 끝"을 패러디함

김진수

강원도 주문진 출생. 2016년 계간 《시와세계》 신인상.
geobo52@hanmail.net

명태 외 4편

김 진 수

1

사뭇, 눈에 밟힌다
그 미끈한 몸매
티라도 들어갔는지 눈알은 까끌거리고
간간히 거진에서 보았다 하고
아야진에서 보았다는 소문만 들릴 뿐
정작 바다는 입을 다물었다
얼굴이라도 봐야
그 속내 들어보고 달래던 가 어르던가할 터
몇 물이 바뀌어도 코빼기도 안 보인다
파도를 베고 눕는다
전단지 몇 장 띄운다
흘러, 흘러 그 명징한 눈에 닿았으면

2

찬바람 불고
뼛속까지 시린 이런 날은
말간 생태찌개가 먹고 싶다
읍내 재래시장 어물전
물 묻은 눈빛이 바닷속인 듯
아주머니는 빛을 잃어가는 생선 등에
연신 물을 끼얹으며 입으로 파도 소리를 낸다

생태 한 마리 샀다. 원산지 표시가 없는
눈알은 맑은 물빛이었다
무 얇게 삐져 넣고 소금 간 해 끓이다가
다진 마늘 한 숟가락 넣고 한소끔 더 끓여 냈다
이 맛이 아니다
그 옛날 어머니가 끓여 주시던
그 담백함,
그 시원함은

3
바람 소리만 재생하던 등대 머리 서낭당
볕가리개가 쳐지고
색색의 꽃을 피운 풍물이 제 울음 운다
동해 용왕을 모셔온 홍철릭
각을 아우르는 춤사위는 바람을 부르고
읍소하는 비나리는 물길을 바꾼다
물밑 한번 뒤치면 그 얼굴 볼 수 있으려나
술 몇 잔 얻어 마신 바람의 냄새가 다르다
바람이 머리채를 풀어헤친다
길게 눕는 대나무
머잖아
개락이라는 소리 령 넘어오려나

물수제비뜨다

건너가야 하는 강입니다. 그만 놓아주시지요. 오래, 기억되지도 않을, 읽고 쓸 줄도 모르는, 파문, 몸짓으로 씁니다. 벙그는 종소리, 깨금발로 뛰는, 작고 납작한 돌멩이로 쓰는 강의 연대기. 잠시 흔들렸던, 하지만 입은 다시 거만해집니다. 저기, 없는 듯이, 물 흐르듯 지나간 페이지를 펼쳐 주세요. 내 고향, 복사꽃 활짝 핀, 재가 되어도 좋다는 남자와 어린 여자, 복사꽃 그늘아래 말이 되지 못한 혀가 탑니다. 동그랗게 눈 흘기는, 수면 아래로 몸을 숨깁니다. 목을 축이는, 예순다섯 번째 해가 호루라기를 붑니다. 다시, 다 읽지 못하고 접는, 점, 점, 점으로 시작해 파문으로 끝나는

장마, 그 언저리

방마다 서리가 하얗다 개다리소반 위 국화 문양 대접엔 북서풍이 소복하다 나는 겉옷을 벗어주고, 펭귄의 재치기를 임대하였다 콧물 훌쩍이는

한여름 밤, 봉선화 물들기 시작하는

퀭한 눈, 손톱에 뜬 달은 밤새 뒤척이다가 '먹어만 보세요. 금방 낳는다니까요.' 입을 한껏 벌리고 허세 부리는

수캐가 짖어대는 층간 소음, 구구, 둥지를 옮긴 비둘기 난간에 매달린 에어컨 실외기, 바람을 안으로 전송한다 하얗게 자란 손톱, 야윈 달을 핥던 순이, 사슬을 끊는다 긴 꼬리는 뺨을 후려치고

이런, 벌건 대낮 치근거리는 칠월의 볕은

숨결이 다소 뜨겁다 여우비라도 한소끔 끓었으면, 그늘을 지우는 노을이 비닐 가방에 담겨 유기되었다 지퍼는 묵비권을 행사하고

박꽃 같은, 그런

제주 올레길
완주하던 날 밤 그때서야 몽돌 씻기는 소리를 내던,
한라에 오르던 날
세놓은 종아리 가끔 쥐가 들락거려도,
내내 말이 없다 정상에 올라 그제야 된 울음 꺼내놓던,
그리고 두 손 모으고 고개 숙이던,
가끔 힘들다고
뒷산 기슭에 탱자나무 혹은 악어를 풀어놓던,
금오도 비렁길 걷다
툭, 툭, 진 동백, 여린 눈에 눈물 보이던,
고려산 큰 애기 하혈한다는 기별에 넋 나간 듯 달을 쳐다보던,
섬돌에 앉아 입속에 별을 따 공그르던,
별의 예각에 찔려 혈변을 쏟아내도
힙합을 추고, 왈츠의 스텝을 밟던,
낮게, 낮게, 몸 낮추고 땅에 입 맞추던,
때로는 날고 싶다, 날고 싶다, 겨드랑이 긁어 대던,
때로는 고래가 되고 싶어 지느러미에 왁스 발라 세우던,
그저 박꽃같이 수더분한, 그런,

그녀!
한 시간을 함께하던
열 시간을 같이 있던 입 헤벌어지는
그 입 다물지 못하고 '어서 오세요' 인사하는,
때론 돌부리에 채여
훅 치미는 깡통 걷어차다 콧등이 깨지는
오직 단 하나뿐인, 그녀!
더불어 살았고 살아 주었던 5년
쓸린 아랫도리 해져 물소리 들린다
주름이 깊고 다크서클이 석화처럼 피었다
수분 팩하고
오글거리는 고백을 펴 바른다
'고맙습니다.'
'버리지 마세요,'
눈망울 동그랗게 펴지고

주문진
-6월의 바다

움직이는 것들은 뿌리가 없다. 속없이 불어대는 바람이 그렇고, 게거품 물 듯 제 속 하얗게 뒤집고 달려드는 파도가 그렇고, 가끔 쏟아지는 빗방울이 그렇고, 말 잘 듣는 소처럼 홋줄에 묶이어 삐걱거리는 배들도 그렇고,

바다가 말랐다. 인건비는커녕 기름값도 안 나온다. 바닷바람에 절고 삭은 칠성 아재 속이, 속이 아니다, 오늘도 헤아릴 수 있는 어획량에 우롱당한 하루가 속을 뒤집는다. 그물에 걸린 멸치 같은 남정네들, 아랫도리 닳아 삑삑거리는 동해집 미닫이를 열고 들어온다. 낮술은 불콰해지고, 냉동 도루묵찌개는 자박자박 끓고, 소나기 한소끔 끓고, 밀고 올라오는 한숨소리 끓는다.

앉아도 되는 겨? 하므 하므. 칠성 아재 옮겨 앉으며 잔을 비워 주인 아낙 쪽으로 건네고 술을 따른다. 아지매도 힘들제? 요즘 힘들지 않은 사람 어디 있는 겨. 내는 혼자니 내 한 입 풀칠하면 되지만 아재는 딸린 식솔이 몇이요, 저 아재들 하며, 힘들기로 치면 아재가 백배 천배 더 하겠지. 정말 말라도 어떻게 이렇게 바싹 마르겠노 다들 어떻게 살라고. 주인 아낙 주전자 다시 채워 나오면서 "이건 내 사비스요." 소나기에 말갛게 씻긴 바람이 덜 마른 비린내를 문틈으로 밀어 넣고 간다. 양은냄비 속 바다가 펄펄 끓고 있다. 저 검은 속 확 뒤집어져야 고기 날려나

김해미

본명 김경미
전남 신안 출생. 2015년 월간 《문학세계》 등단
howdare@naver.com

돌탑 외 4편

김 해 미

숨을 참을 것
심장 박동을 세울 것
손끝의 혈류를 멈출 것

한낮의 태연한 교접
등에 배를 대고
손에 손을 잡고
왼발등 위에 오른 발바닥을 올리는 것인데

돌이 모서리를 접은
ㄱ과 ㄴ의 결합
세상의 모든 돌멩이
아랫돌을 괴고
윗돌을 떠받들려
푸른 강물의 근육을 물수제비로 건너온 것인데
높아 가는 시간의 무게로
납작납작해지는 것인데

연리지 되어 한 몸으로 서 있는
토템
나의 기도는 그대 심장에 가 닿았는가

개미 한 발을 올리자

ㅁㅜㄴㅓㅈㅣㄱㅗㅇㅣㅅㅅㄷㅏ

인천광역시 중국인 거리

화덕에서 잘 구워진 양 울음소리가 들린다
심장 박동이 포춘 쿠키 안에서 두근거린다
사내들이 지게에 중국을 한 짐 싣고 와 부려 놓은 거리
늙어버린 싸구려 작부인 듯
영화롭던 젊은 날의 비단 옷자락을 끄는 거리
낯을 분 바르고 붉은 입술연지가 주름을 메운
허연 슬픔이 붉게 나뒹구는 거리
당당한 붉은 칠 뒤로 노쇠한 늑골을 내보이는
기와집 틈새로 허접한 살림살이가 널브러져 있다
매운 재로 무너져 내릴 것 같은
파삭파삭하게 붉은 녹이 핀 사다리에
누군가의 발자국이 위태롭게 걸려 있다
주인 없는 가게 안 붉은 치파오는
차이나 칼라의 목을 곧게 세우고
빈 거리의 고요를 삼키고 있다
고단한 이방인의 삶
중화의 기억은 뇌리의 썰물로 밀려나고
북경어, 광동어가 세모꼴로 보도에 떨어진다
하늘에는 월병이 만월로 뜰 때
홍등에 물든 느린 꿈은 황하로 노랗게 흘러든다

비닐봉지

남방긴수염고래 뱃속이다
입과 항문인 말미잘이다
개미지옥이다
모래 늪이다

어디선가 스멀스멀 나타나 거리의 점령군 된
어느 집이나 아무렇지 않게 내어 주는
다리 없이 어디라도 가는 소문이다

시장을 목 넘긴 넓적한 위장
벌레 삼킨 식충의 복숭아
아침 이슬 굴렀던 청사과, 백설 공주의 잇자국은 없는
옥수수 대여섯 개쯤 담고
순대 한 봉지 들고
날것들의 비린내를 꽁꽁 동여매고 가는 길

비닐봉지를 들어본 적 없는 이는
사람 냄새가 없다지만
켜켜이 쌓인 삶이 넌더리 나
훗날 유골함만은 보자기에 고이 싸 주었으면 하는 것이다

* 남방긴수염고래- 세상에서 가장 큰 고래.

고양이 골목

고양이 걸음으로 어둠은 오지
쥐의 목덜미를 찍어 누르듯
동그란 웃음 네모난 문을 여닫으며 오지

수평으로 뻗는 뿌리여서
틈마다 개미굴을 품은 골목
까만 허리 닮은 이야기들이
고양이 털처럼 빼곡한

흩어졌던 하루의 가족이 불 가로 모이고
빗살무늬 토기, 민무늬 토기의
뜨끈한 국물 한 모금 삼키는 어둠이지

고양이 발톱이 찍힌 담벼락
담을 넘지 못한
녹슨 철망 밑을 기는 납작 포복한 어둠이지

어둠은 소리처럼 오지
직선으로 관통하며 곡선으로 굴절되며
시야를 가리는 수묵화, 짙은 먹을 갈아 부은
할짝할짝 밤을 핥아대는
골목은 검은 고양이로소이다

사모곡

어머니 악기를 연주하지 마세요
밤은 깊고 바람은 서늘한데
청동기시대 유물인 듯 반달 모양 돌칼로
달은 어둠 속으로 제 목숨 반을 거뒀는데
갯마을 소금 꽃으로 피어난 내 어머니
하얀 뼈 구부러진 허리로 관(管)을 삼고
창백한 머리카락 현(絃)을 삼아
녹슨 하모니카 조율되지 못한 쇳소리로
뼈 마디마디 뚫고 가는 파도 소리 높은데
어머니 당신을 울리지 마세요
가을비 진양조 장단으로 내리고 있습니다

박병원

샘

제자리가 아닌데도

어미 따오기의 절규

눈

제발 좀

계간 《다시올문학》 등단 대한민국미술대전 초대작가(문인화).
동인시집 『슬픔의 각도』 외. bwp518@hanmail.net

샘 외 4편

박 병 원

높은 데서부터
호수로 흘러드는 오폐수

온갖 질환으로 병들어
신음하는 물속 식구들

그래도
호수가 무덤 되지 않고
논밭 곡식에 젖 물릴 수 있음은
호수 속 낮은 데서부터
쉼 없이 솟는 샘이 있기 때문

어둔 밤
시대의 쓰린 아픔 어루만지는
촛불, 촛불 가족들
그대들은 진정
혼탁해진 호수, 맑게 하는
바로 그 샘

제자리가 아닌데도

비어 있는 전철 노약자석,
제 자리가 아니면 넘보는 일 없는데
시내버스에선 아직도……

올라타기 무섭게 노란색 경로석을
재빠르게 차지하는 젊은이,
그렇게도 늙음을 서두나 했더니

오르자마자 분홍색 임산부석에
잽싸게 엉덩이 내려놓는 아가씨
속도위반에 오해받기 십상이다

내려오라는 소리 없는 따가운 질책,
두 눈 가림막 내리고
이어폰으로 차단막까지 치고 앉았다
제자리가 아닌데도

"내려와"

어미 따오기의 절규

마사이 마라 국립공원
사파리 게임 드라이브* 코스에
길 막고 선 어미 따오기 한 마리

사파리 전용차가 접근하자
기관총을 연사하듯
격한 울음 토하며 온몸으로 절규한다

따오기의 방어에 기가 꺾인 운전기사
전진 대열 포기하고
우회로를 개척한다

정황이 포착된 것은
거기 아직 날지 못하는
새끼 따오기 잠복 중이라는 것

* 케냐 국립공원 마사이 마라(Masai Mara)에서 사파리 전용 차량을 이용, 야생동물 중 빅5(사자 · 코끼리 · 코뿔소 · 물소 · 표범)를 찾아 관광을 진행하는 게임 드라이브. 빅5를 모두 보면 임무완수를 증명하는 증서가 주어진다.

눈

눈이 내린다.
가지마다 피어나는
새하얀 눈꽃

눈이 녹는다.
가지마다 움트는
파릇한 꽃눈

눈이 뜨인다.
세상과 처음 만나는
총총한 아기 눈

새날을 맞는
눈, 눈, 눈

제발 좀

사는 데 조금도 지장 없잖아?
물만 먹고 살아가도

이 등신아! 무슨 까닭으로
낚싯밥 덥석 물어 코가 꿰느냐?
겁도 없이

너, 다음 누울 자리
어딘지 모르겠느냐?

펄펄 끓는 물 속 허우적대거나,
뜨거운 석쇠 올라타고
소신공양(燒身供養)하는 길밖에

알 만한 놈이 왜들 그러느냐?
화형식을 자초하는
이 어리석은 놈아

네놈 버둥대며 튕겨낸 불똥으로
평화가 졸던 호수 엉망 아니냐?
지금

제발 좀

서 영 용

나주 출생, 세종대학교 경제학과 졸업, 2010년 《다시올문학》신인상
동인시집 『느슨한 저녁』 외 seoyoungyong@hanmail.net

덩굴손의 오후 외 4편

서 영 용

자판기 커피를 뽑아 마시며
무심히 발밑을 내려다본다
오렌지빛 호박꽃이 제법 튼실하다
줄기 따라 잎사귀 밑으로 숨은 꽃대가
가만가만 하늘을 올려다본다
우산처럼 펼쳐진 탐스러운 호박 잎사귀
길 잃은 암매미가 달라붙어 여름을
더는 노래하지 않는 곳.
생과 사의 달콤한 호박꽃 향기를 맡듯
풀밭 위에 빗방울을 군데군데 머금고
일자로 뻗은 호박 줄기 아홉 걸음 뻗어
억척스레 개나리를 휘감아 타고 올랐다
여리고 촉촉한 덩굴손이 온 세상을 덮는다
용수철처럼 부여잡고 있는 저 가느다란 손의
안간힘, 풀밭 위를 기어서 잡히는 것은
모조리 움켜쥐고 오르는 호박의 집념
포기할 수 없는 생 끈질기게 휘감으며
이렇게 살아야 한다고 일침 놓는
장맛비 잠시 그친 눅눅한 오후
커피 맛이 향기롭다

염증

부항을 뜬다
바늘로 꼭꼭 찔러 피를 솟게 하고 빨아낸다
신비스러운 동네한의원 치료법을 지켜본다
왠지 두려움이 사그라지는 한약 냄새에
한의학 체질이 아닐까 기억을 더듬는다
옆 정형외과에서 치료하다
호기심으로 기웃거린 한방의원
그냥 다 나을 것 같다
긁어 손등이 곪듯
세상 어딘가도 나비의 날갯짓으로
곪아 흘러 흘러드는 열기 운은 없을까?
태풍 '나비' 가 몰려온다는 신문지면의 위성사진
부항을 뜨고 난 붉은 반점처럼 소용돌이친다
병실 안 신음은 나만의 소리일 뿐
세상에서 홀로 낯선 통증을 느끼는 일까?
다섯 바늘 꽂히고 시원한 기가 내린다
태풍 '나비' 를 맞으며 다시 가는 한방치료
손등에 난 염증처럼 세상 어딘가로
나비를 타고 도지지 않을까
고민을 껴안는다

다산을 만나러 가다

다산 생가에서 하룻밤 잠을 잔 뒤
다산의 외손인 주인한테 문학기행 일행은
선생께서 자식에게 당부한 말씀을 듣는다
해뜨기 전에 일어나라, 기록하라
앉은 자세를 바로잡는다

아침 햇살 등에 업고 초당길 오른다
쭉쭉 뻗어 오른 소나무, 대나무 밑에
푸른 기운 뿜어내는 동백나무 옆 무덤가
정성스럽게 불태우고 있는 붉은 단풍나무
맑게 흐르는 도랑물에 몸을 추스르고
다산이 즐겨듣던 물소리 들으며
나무뿌리로 얽힌 돌길을 걷다
청아하게 울리는 풍경을 만난다

산새울음이 요란스럽게 반기고
나무홈통으로 연못에 물이 흘러들고
물 위에 단풍낙엽이 떠 있고
동백나무가 연못을 덮고
동백이 11월을 등불처럼 밝힌다

다산의 산실인 초당에 앉아있는 다산께
문안 인사 올리며 쪽마루에 걸터앉아
선생의 그림자를 엿보니 십일 년 동안
외로운 귀양살이에도 여전히 꼿꼿하시다
마당 언덕배기의 동백나무 더욱 푸르다

강남역 풍경

오랜 둥지였던 강남역 주변을 두리번거린다

뉴욕제과 주변은 몸집을 부풀려 화려한 옷으로 갈아입고 많은 사람을 불러드린다. 청바지를 즐겨 입고 10년을 몸담았던 강남역은 더 이상 나를 알아보지 못한 채 학원 건물은 상가로 바뀌고 라면 팔던 골목은 낯선 빌딩이 버틴다. 국립성인도서관이 국립어린이도서관으로 간판이 달라진 진달래꽃 핀 계단을 오른다

휴게실에서 커피를 마시며 맺은 인연
먹기 위해 사는지 살기 위해 먹는지
답을 찾던 시간이었지만, 다 잘살고 있겠지

테헤란로와 강남대로의 도시 숲을 헤맨다.

빌딩 유리창에 아침 햇살이 모자이크되어 잘게 부서지는 국기원 앞을 걷다가 문학을 만나기 위해 퍼즐게임 풀 듯 다니던 단골 비디오방, 이미 사라졌고, 낮과 밤이 흑백의 점묘화를 이루던 거리 나의 서른 살이 시작된 곳을 지나고 있다.

강남역 지하상가 계단을 내려밟는다.

사라진 동화서적이 시린 추억을 불러오고 지하 분수대는 아직 남아 태풍의 눈을 떠받치듯 허공에 좌표를 그리며 시가를 이룬 안테나매장 손님의 취향을 채집하고 있다. 강남이 부의 상징이 될 줄 미처 몰랐던 순수한 시절 집으로 향하던 역삼동 기억이 흐릿하게 부서진다.

그곳이 차마 꿈엔들 잊힐 리야

낮은 흙담 너머 마당이 훤히 보이는 집
정지용 생가 마당에 산수유가 꽃을 피운다
두 채의 초가, 처마 끝 지푸라기가 바람에 날린다
옆 마당에는 우물 뚜껑이 닫혔다
휘돌아 나간다는 실개천은 시멘트로 단장 되어
큰 냇물로 흐르고 있었다
엷은 졸음에 겨운 늙으신 아버지가 짚 베개를 돋아 고이시
는
안방을 토방에서 훔쳐본다
빈 항아리 서너 개가 토담 밑 장독대를 지키고 있다
우리 집 베란다에도 어머니 생전에 사용하시던
항아리 두 개를 간직하고 있다
그 장독을 열고 장을 담그시는 어머니가 떠오른다
정지용 문학관에서 향수에 대한 강의를 듣는다
고향에 고향집은 사라지고 미국 몰몬교회가 들어서있다
지금쯤 사라진 마당에 피어날 복숭아꽃 매화꽃
그곳이 차마 꿈엔들 잊힐 리야
내 고향을 떠올리며 노래를 흥얼거린다

송기남

아호 무진. 《서라벌문예》등단. 한국을 빛낸 자랑스런 한국인대상 수상.
한국직업전문학교 교장. 시집 『행복 찾기』 『오늘』. koca7@ hanmail.net

12월엔 외 4편

송 기 남

12장 달력의 끝
마지막 잎새의
절박함과 당당함처럼
농축된 사연들

힘차게
달리는 해처럼
말없이
기우는 달처럼

흩어진 콩 집는 심정으로
가슴앓이 하며
하나씩 풀어온 일 들
귀하지 않은 것 없어라

아직 오지 않은 일일랑
내년으로 가고
남은 일일랑 달랑거리는
저 달력 안아서 풀자

모든 것은 나를 통하고
내 속에 다 있으니
12월엔 미움도 사랑도
기쁨으로 승화되어라

때로는

참새 떼가
철새인 양
떼 지어 난다

요 숲에서 저 숲으로
숲은 잠시
바다가 되어 준다

텅 빈 가지로
때로는
그윽한 향으로

삶을 이어가는
작은 날개는 분주히
물과 산을 이어 나른다

어부의 하루

돛단배가 어부를 안고
어둠을 타고
파도를 넘어
고요와 신비를 만나러 간다

바람과 구름이
가끔씩 해를 불러
하루를 함께 넘어가면

느린 어부의 걸음은
노을이 떠나려 할 때
멀리 있던 어둠보다 늦게
검게 탄 어부의 하루를 맞이하고

그림자 슬며시 옆에 와
멋진 마도로스 되어
큰 바다로 나 간다

안개

안개가 점령한 산
태양은 구름을 붉게 물들이고
새벽의 기운과 함께 비상한다

어머니 마음 같은 산은
산새들의 합창으로
안개를 춤추게 하고

파란 도화지에 흰 구름
미켈란의 천지창조 속으로 오가면
안개 속엔 봄베이가 숨어 있다

바람이 부르는 소리에
안개는 마을을 조금씩 토하고
애기 등 하나씩 반짝이면

헤라클레스 안개는
점령자의 기운을 벗고
민낯이 되어 행복을 전한다

행복 찾기

문 여세요
오늘이 배달 왔습니다
손 내미세요
행복도 같이 드릴게요
눈 뜨세요
당신의 세상이 보이 시나요

소중한 오늘
함께 출발해요
행복 찾을 때까지
힘드실 땐 기쁨 한 컵 드시고
하늘이
당신의 꿈 꽉 채워 줄 때까지

아시나요
나는 당신의 기쁨
당신은 나의 행복

신현복

충남 당진 출생. 2005년 《문학.선》등단. 시집 『동미집』.
clstone@halla.com/clstone@halla.co.kr

가을 외 4편

신 현 복

하늘이 참 깊고 푸르다

이토록 깊고 푸르기까지 얼마나 많은
바람과 구름과 스스로를 다독였을까
이 아래에서는 모든 게 더 환해지겠다

당신을 꼬옥 빼닮았다

아내의 자전거

오십이 될 때까지
자전거를 탈 줄 모르던 아내가
오십여 분 만에 홀로 섰다
처음 며칠은 바싹 뒤따르라더니
얼마 후부턴 앞서 달리란다
이젠 앞서거니 뒤서거니 자유자재다
틈나면 혼자서도 타러 나간다
살곶이다리, 동호대교. 한남대교
다녀왔다는 거리도 점점 더 늘어난다
밤에도 혼자 곧잘 나가곤 한다
늦게나마라도 달릴 수 있게 된 것
내 덕이라 생각했는데, 그동안
그냥 세워뒀을 뿐이구나
눈치챘으면,

따르릉따르릉
자전거가 나갑니다
비켜나시란다

별천지

이젠 다 그쳤겠지 싶었는데 다시 장대비가 쏟아졌다 대밭집 추녀 밑에서 비가 멈추길 기다렸다 잠시 후 검정 하양 장화를 신은 오섬 아이들이 노랑 파랑 우비를 입고 우산을 쓰고 지나갔다 비를 장난감 삼아 즐겁게 장난치며 느릿느릿 지나갔다 곧 빗줄기가 가느다래져 맞고 뛰어갈 수도 있었지만 그냥 그곳에서 한참을 더 서 있었다 중선(重船)이 정박하는 별천지 오섬 아이들이 마을 끝 우리 집 지나 들판까지 가 보이지 않을 때까지 한참을 더 기다렸다 다행히 대밭 푸른 빗소리는 여전히 장대비였다 그날 밤 비 갠 하늘은 별천지, 유난히 크고 밝았다 유성 하나가 내 심장에 박혔다

*중선 : 큰 고기잡이 배

누이

니, 엊그제 왔었다매
어어, 문상차 갔었는데 넘 늦어서

니, 어제 왔다 갔다매
어어, 친구 개업했는데 함께들 가서

니, 댕겨갔다매
어어, 친구 차루 잠깐

그려 그렇게만 혀, 엄마 없다고 이젠…
아 아 아녀…

아녀 그냥 허는 소리구, 바지락
냉동시켜놔서

아, 청양고추 살짝 썰어 넣은
국물 맛이 찐하다

덤

그 흔치 않다는 홀인원도 일만 이천 분의 일의 행운, 로또 일등 당첨 확률도 팔백십사만 분의 일이라네요. 아직 내겐 한 번도 오지 않았지요.

당신을 만난 것은 칠십삼억 분의 일, 거기에 함께 동행한 시간을 셈하면 차라리 운명이지요, 벌써 찾아온 천운이네요.

그런 당신이 어찌 소중하지 않을 수 있겠습니까, 그러고 보면 사랑이란 받을수록 기분 좋은 덤이란 생각입니다.

덤만 있는 덤 있을 수 없다는 거, 그건 덤이 아니라 공짜라는 거, 공짜엔 다른 대가가 따른다는 건 아시겠고요.

오영록

강원도 횡성 출생. 계간 《다시올문학》신인상. 청계천문학상 수상.
시와 그리움이 있는 마을 동인. 빈터동인. 시집 『물방울들의 수다』
cy3213@hanmail.net

몽유도원도(夢遊桃源圖) 외 4편

오 영 록

무릉도원을 거닐고 있는 안평대군은
아직도 꿈에서 깨어나지 못하고 있다
난생처음 보는 풍광에 어리둥절 물으니
선사가 이르기를 도원 고을이라 했다

바람처럼 치솟은 바위벽으로 구불텅구불텅한 소나무가
바람에 맞춰 덩실덩실 춤을 추고 있다
바닥의 모래알까지 훤히 보이는 강에 피라미 입으로 빈 낚싯바늘을 놓았다 건졌다 하는
선사의 등을 구름과 안개가 휘장처럼 둘렀다
고드름 같은 석순이 석 자 하고도 세 치나 되는 것으로 보아
굳이 물어보지 않아도 용이 승천한 곳이 분명했다
세 치 호랑이 눈썹이 흩날리는 선사의 흰 도포가
바로 볼 수 없도록 발광하고 있다

슬쩍 비켜 돌며 눈인사하고
짚신감은 발로 한 마장쯤 드니
동자승이 손을 잡은 듯 땅에 닿을 듯 낮은 초가의 추녀가
담뿍 볕을 끌어안고 있다
복사꽃은 본디 달빛에도 아주 화사하므로
달이라고도 해하고도 할 수 없는 여명인 듯도 황혼인 듯
어슴푸레하다

함박눈처럼 흩날리는 복사꽃을 따라 덩실거리는 걸음에
옷깃도 허청허청 너울거렸다
지는 복사꽃 새로 연초록 이파리가 나비처럼 나풀거렸다
구불구불 산기슭으로 펼쳐진 복사꽃 오리길
계곡을 타고 흐르는 소 폭포 소리가 늑골을 파고든다
산삼으로 빚는 신선주 익는 냄새와 누군가 부르는 퉁소 소리뿐
나라님도 모르고 있다는 이 도원

평지를 지나 계곡을 지나
고갯마루에서 내려다봤던 무릉도원에 흐드러지게
피었던 그 복사꽃은
바다에 갇혀 아직도 피고 지고
꿈은 언제쯤 바다를 건널지

주름의 학습

연못 둑을 쿵쿵 구르면 미꾸라지가
자기 죽음을 알지 못하고
정체를 드러낸다는 것을 아는 것은 주름의
오랜 사냥 학습이죠

뱀은 막대기를 무서워하지 않아요
자신의 모습을 닮았다는 이유 하나로
선뜻 목숨을 내주고 막대기에 가로 얹혀 그네를 타죠
머리통이 으깨졌거나
척추가 부러졌거나 늑골이 만신창이가 된 후죠

으슥한 골목
고양이와 마주쳤지만, 주름은 슬쩍 못 본 척해요
고양이의 동공은 나의 그림자를 보는 순간 이미
잿빛으로 발광하지 못하고 잿빛으로 변했다는 것을
학습했기 때문이죠

사립문을 들어서려다
불륜을 발견하죠
목줄도 없는 불도그가 목줄을 한 주름의 발바리와
돌아올 수 없는 강을 건너고 있지만,

그 사랑이 마냥 즐겁기만 한 주름은 아니죠
저 사랑에는
물바가지가 명약이라고 주름은 학습했죠

사랑은 왜 학습되지 않는 거죠

불안증후군

불안의 코를 오른쪽으로 비틀면 불안은 몸을 부르르 떨며 일어났다
내리막이나 커브를 좋아하는 습성
나의 초조함에 흥을 더하기도 하고 깔고 앉아 목을 짓누르기도 했다

터널이 나타나면 의자 깊숙이 어깨를 밀어 넣고
밀러의 각을 따라오는 불안의 무릎쯤으로 맞추어 놓는다
불안은 보이는 것보다 가까이 따라온다고 쓰여 있다
터널이 무너질지도 윙윙거렸다

고르지 못한 노면이 엉덩이를 살짝 들라고 눈짓을 하면
원숭이 같이 따라 했다
어떤 불안이 자신의 불안을 나에게 덤터기 씌울지도 모를 일
불안의 앞가슴을 발가락으로 꾹꾹 밟으면
불안은 점점 더 커졌다

굳이 불안을 자극할 필요는 없지만, 일상은 동행을 망각했다
어쩌다 떼어놓으려 속도를 높이면 불안은 떨어지지 않고
풍선처럼 부풀었다

불안을 떼어놓고
불안에서 내려올 때는 불안의 코를
왼쪽으로 홱 비틀어 뽑아야 해

아니면 누군가 불안을 가져갈지도 몰라

초록 명상

풀이 많은 밭일수록 좋다
명상 시간이니 될 수 있으면 엉덩이 방석이 있으면 더 좋다
땡볕에 풀 뽑기란 중노동이지만,
노동이라는 생각을 버려야 명상에 들 수 있다.
절대 손익을 따져도 가치를 따져도 안 되는 명상

나는 풀 앞에 있고 살아 있고
그저 풀을 뽑는 일이 내가 살아 숨 쉬는 유일한 이유며
목적이 되어야 하는 명상
작렬하는 태양이나 숨 막히는 습도쯤은 계산에서 빼고
바랭이는 호미 코에 걸어 왼손과 동시에 힘을 모아 단번에 당겨 뽑아야 하고
쇠비름을 만나면 잘 끊어지므로 끊어지지 않게 밑을 내고
왼손으로 수습하면 된다

곡식과 곡식 사이 바람길 한번 내주고
빨래 치대듯 흙을 뒤집어 주면 되는 단순 노동에
안이비설신의를 다할 때 무아가 된다

진정한 명상에 이르면 금세 이마에 이슬 같은 왕관이 씌워질 것이며

마음을 씻을 물이 등골로 졸졸 흐를 것이다
대가가 아닌 오로지 공(空)에 이를 때, 그때 뒤를 돌아보면
너울거리는 초록의 신세계가 보일 것이다

우주의 점 하나인 나도
그때야 초록이다.

신 수렵도(狩獵圖)

지난밤 상추밭이며 녹두밭이며 고구마밭이 또 거덜 났다
고라니 짓이다

고구려 무용총 수렵도에서 보았던 사냥꾼이 말을 앞으로만 탔어도
그때 팽팽히 당겼던 활시위만 제때 놓았더라도
오늘의 이 사태는 벌어지지 않았다

문제는 아직도 그 그림 속 사냥꾼이 활시위를 놓지 않고 거꾸로 타고 바라만 보고 있다는 것이다
어쩌면 그 사냥꾼 의복으로 보나 사냥 실력으로 보나
녹봉을 받는 선비의 놀이이지 싶다

저 고라니 아마도 그때 도망쳤던 그놈이
누대를 걸쳐 종족을 번성시켜
오늘에 이른 것이 분명하다

활이 없으니 울타리를 만들고 덫을 놓고 기다려도 늘 허사
수렵도 속에서 말을 바로 타고 호랑이를 쫓아가던 사냥꾼은
호랑이를 잡은 것이 분명하다
말도 거꾸로 탄 선비의 화살 하나쯤이야 하는
고라니 비웃음이 밤새 실룩거렸다

울타리를 비웃고 덫을 비웃고 뿌리 까기 또 뽑아 먹었다
어쩌면 지금 울타리를 더 높이 세우고 더 큰 덫을 놓고
무심히 기다리는 나의 모습이
후대 신 수렵도로 전해질 것이다

고양이 골목

전망

우 애 자

계간 《다시올문학》등단. 가락동 우일수산대표.
시집 『새벽을 열다』.aarym@naver.com

여명의 詩 외 4편

우 애 자

돈이 되지 않아 속되지 않고
명예가 되지 않아 욕되지 않으며
권력이 되지 않아 죄가 되지 않는다

나를 지켜주고
붙잡아주는
생명의 줄

어슴푸레 새벽이 밝아오면
깊어지는 시야로 나를 위해
영혼의 詩를 쓰며
단정히
삶을 다듬는다

내 것이 아니라면

욕심에 부당한 이득을 더하면
화근에 속도가 붙어
두 배의 손실을 보게 되고

내 것이 아닌 것은
찾아주고 돌려주다 보면
복은 두 배가 되어 돌아온다

인간의 가치는 책임이기에
스스로 탐구하며 질풍의 속도로
자신을 만들어 간다

그리하여 정의와 관계 속에서
뜻을 발견하고 성장을 거듭하다 보면
혜안과 음양을 구별할 수 있는
능력, 온전한 내 것이 된다

나누는 기쁨

가진 자가 없는 자에게
작은 것이라도 나누어주면
환한 빛이 되어 되돌아온다

세상에 영원한
내 것은 하나도 없다
세상 떠나는 날
다 버리고 가는 것을
없다고 한탄하지 말고
있다고 자만하지 말자

집착과 애착을 버리고
가벼운 몸과 마음으로
최선을 다해 살다 보면
후회와 미련 없이
홀가분하게 떠날 수 있는
환하고 편안한 얼굴로

밝게 빛나는 유성같이
한 줄기 빛으로 쪼개어
나눌 수 있는 기쁨

중심을 잡다

피 끓는 뜨거운 가슴
오로지 오르기만 하다
허리 통증 견디지 못해
이를 악문 고통의 세월

척추를 바로잡아 중심을
지키는 네 개의 나사못
앞만 보고 내디딘 세월
허리 통증 견뎌낸 인고

휘어진 허리 바로잡아
자유자재로 움직이는 몸
심신을 바로잡은 기쁨
나누리 은혜 더욱 감사

원동력의 시작

시간이 미래의
희망과 꿈을 이룬다

순간을 포착하기 위해
납작 엎드려 응시한다

심신의 청기를 모아
조용히 긴장하고 집중한다

더 높이 더 멀리
뛰기 위해 기회를 붙잡는다

끝없는 동력의 시간 속에
최선을 다해 준비하고 시도한다

우 옥 자

충남 서천 출생, 계간 《다시올文學》 신인상 동인지 『오이지 단지』 외.
전망, 글샘 동인. 시집 『구겨진 것은 공간을 품는다』
wooropa@hanmail.net

장항역 외 4편

우 옥 자

아버지 신발 있나 보고 와라
슬프고도 단호한 어머니의 목소리
철길을 건너 찾아간 여인숙 한 뼘 열린 문틈으로
뿌옇게 둘러앉아 빠른 손놀림으로 뭔가를 돌리고 있다
창고의 짙은 그늘 속으로 검은 바람이 숨어있는
골목 끝까지 쫓아오던 너울
신발장 열어 봤어?
어머니는 시들은 탱자처럼 쭈글쭈글해졌다

고함과 악쓰는 소리
아홉 살 계집아이는
동생을 업고 탱자나무 울타리 아래서 서성거린다
감싼 손이 서로 닿지 않아 동생의 볼기짝이 마냥 찢어졌다
탱자를 따다 긁힌 손등에 피가 나서 울고
울음에 탱자를 물리자 동생은 사레들려 컥컥 울었다

울울한 가시가 바람 따라 희번덕거리고
철길 따라 늘어선 적산가옥 불빛이 가물거렸다

탁. 탁. 탁.
긴 작대기로 탱자 터는 소리
이상하게도 꽃 핀 기억은 없다
시큼하고 씁쓰름한 것이 후득 후드득 떨어져 내린다

어머니의 스웨터

스웨터 입은 계집아이가 흑백 사진 속에 있다

어머니는 낡은 스웨터를 푼다 어머니의 가슴과 등판, 소매를 차례로 뜯어낸다 매듭을 찾는다 올올이 얽힌 고리가 힘겹게 떨어진다 팔꿈치의 헤진 실을 끊어내고 두 끝을 하나로 잇는다

어머니의 실은 오글오글하다 긴 겨울을 견딘 옹벽이 가느다란 온기를 흩날리며 바스라진다

나란히 뻗은 내 두 팔에 오글오글한 실들이 감긴다 점점 좁아지고 밑으로 쳐지는 팔, 아파요, 아가야 따뜻한 스웨터 짜줄게 조금만 참아라 나는 허리를 곧추세우고 애써 무거운 팔을 들어 올린다

어머니는 털실 타래에 김을 쏘이신다 펄펄 끓는 주전자의 김을 쐬면 어머니의 주름이 조금씩 펴지고, 어머니는 마침내 둥글게 감긴 털실 몇 뭉치가 되었다

가난한 어머니의 등이 어둠 속에 오랫동안 굽어 있다 나는 어머니의 손끝을 따라가다 까무룩 잠이 들고

자고 나면 가슴이 자라나고 팔이 한 뼘 길어져 있었다

목과 소매 끝부분은 새 실로 짠
어머니의 스웨터
내 어린 손목을 꼭 붙잡고 있다

착한 여자 콤플렉스

불길을 줄이며 생각해 본다
온 힘을 다해 끓고 있는 것에 대하여

러시아에서 잡혀 대관령 덕장까지 흘러 왔다
휑한 옆구리를 여밀 틈도 없었다
얼었다 녹았다 얼었다 녹았다
샛바람 골바람에 꾸덕꾸덕 속없이 말랐다

이제, 뻣뻣해진 몸 흠씬 두들겨 맛을 차례다
거죽 벗긴 살집이 으스러지면
참기름에 달달 볶이다가
고소하게 우러나고 또 우러나야 한다
육수가 유리 뚜껑을 치받고 뚝뚝 떨어질 때까지
시원한 것과 뜨거운 것이 분간이 안 갈 때까지
빠져나간 것들이 속속 돌아올 것처럼
끓고 또 끓어야 한다

뼛속까지 들락거리며 울고 있는 기포
자작자작 잦아드는 경지에 들어야 한다
기막힌 맛이라는 건
뭉그러지고 뭉뚱그려져야 하는 것이라니

헛헛한 속 다독이는 뜨끈한 국 한 사발의 힘이여

북엇국을 끓이며 돌아다본다.
내 속 풀이 술국 한 번도 끓여보지 못했다고

초유(初乳)

시집간 딸이 친정에 돌아왔다

어미는 한사코 불구덩이 앞에 앉아 있다
손 시린 물에 핏물을 우려내고
슬쩍 끓여 잡것을 걸러내고
다시 넉넉하게 샘물을 붓고 활활 불을 지핀다
약탕기에 약을 달이듯
몸을 말아 안은 작고 동그란 등이 달싹거린다

졸아드는 눈물 속에서 살이 헝클어지고
숭숭 구멍 난 정강이뼈에서 땀이 배어 나온다
육중한 제 삶을 버텨낸 저 뼈다귀의 마지막 소임

핑그르르
젖이 돌기 시작한다

산통은 주문처럼 점점 빨라지고
구부러진 어미의 몸이 가쁘게 휘돌고 있다
뼛속 어디에 그 깊고 뜨거운 힘이 숨어 있었는가
시원(始原)을 향해 강을 거슬러 오르는 연어 떼
마른 젖가슴을 찢고 보얀 초유가 보글보글 솟구친다

울음에 젖을 물린다

찬 새벽 가마솥이 걸린 뒤란
어미는 엉긴 기름을 걷어내고 청포묵처럼 탱탱해진
골수 한 그릇 뜨끈하게 데우고 있다

새벽 예불

텅 빈 욕탕에 물 끼얹는 소리
누군가 나처럼 새벽잠이 없나 보다

등줄기가 탱탱하다 엉덩이도 펑퍼짐하다
봉긋한 젖무덤이 때를 밀 적마다 출렁이고 있다
훌훌 때가 소담스럽게 떨어진다
한 바가지 물을 뒤집어쓰는데

머리카락 한 올 없다
머리도 숙이지 않고 머리를 감는다
푸른 힘줄 불거진 정수리
두 손으로 쓰다듬고 또 쓰다듬는다
물줄기가 가슴으로 가랑이로 쏟아져 내린다
거무스름한 거웃이 물길 따라 눕는다

풍경 소리 잦아드는 한적한 절간이다

아이 몇 빼낸
쭈글쭈글한 뱃가죽
희끗희끗 성근 거웃을 내려다본다
모과처럼 검버섯 몇 점 돋아나는 석탑을 돌아

합장하는 꽃
천 길 물속에 떠 있다

고향이 골목

전망

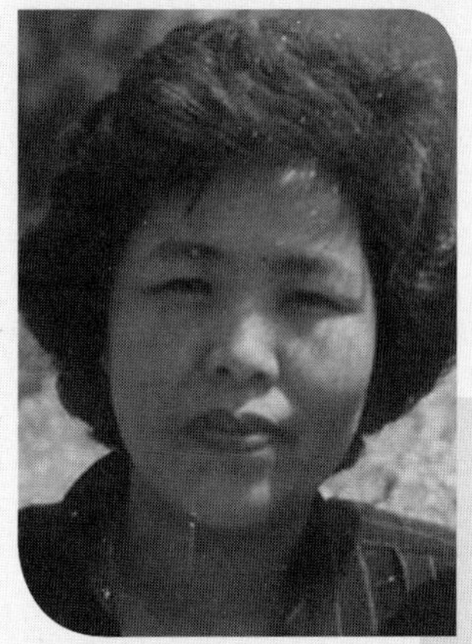

이순선

관악백일장입선, 현대문학백일장입선, 2015년 계간 《다시올문학》 신인상, 동안문학회 회원, 01077300483@hanmail.net

작은 소리 큰 울림 외 1편

-흥국사

이 순 선

일주문 산사에 향내 나는 바람이 분다
오방색의 단청을 두른 절 마당의 오색 연등
작은 바람에 흔들리며 고요를 깨우고 있다
팔작지붕 요사채에 매달린 목어
풍경 소리 내며 승무를 추고 있는
작은 움직임이 어쩌자고 큰 파장으로
흔들리는 것인지 아무래도 사찰에선
나의 죄가 큰듯하다
내려놓을 것도 움켜쥐려 했던 것도
사랑도 미움도 내게서 싹 틔웠음을
홀로 절 마당을 들어서서 어쩌자고
내가 나를 돌아보며 대웅전 약사여래불
돌계단에 마음 내려놓고 또다시 나를
돌아보게 되었는지
사찰의 핀 노란 국화꽃 법문을 듣고 있는지
고즈넉한 경내의 풍경 번뇌를 벗겨준다
버리지 못해 무거웠던 몸 한결 가볍다

흥국사의 눈

눈이 내려 모든 것을 덮어
새하얀 물이 드는 흥국사 뜰
뒤에 오는 사람의 발자국을 등에 업고
절 마당에 드는데 보살이 눈을 쓸고 있다
회색 복장에 대빗자루 털신이 전부인데
그 얼굴이 눈같이 희고 광채가 난다
애착을 내려놓으면 저리 편한 얼굴이 될까
열심히 쓸어놓은 마당 밟기도 미안하다 하니
환한 미소가 답인데 사뭇 미안하다
댓돌에 놓인 흰 고무신 희다 못해 푸르고
영조 대왕의 시중들던 궁녀의 기도처럼
눈길 닿는 곳마다 역사를 만난다
약사여래불 부처님 친견하고 절 마당
하얀 눈을 쓸어내는 보살님 만나니
인연 지어 내려놓지 못했던 마음
이고 지던 근심 다 쓸어 가신다
환한 미소로 하얗게 비질하는 보살
그가 바로 흥국사 부처다

게릴라 소나기

하늘에 엄청난 울음 터지는 소리
갑자기 먹구름 게릴라가 찾아온다
노점에선 맑은 날이 생명인데
삶의 현장이 순간 아수라장이다
이불 파는 노점상 아저씨 비닐로
이불 덮느라 젖은 몸은 아랑곳없다
성난 빗줄기는 다소 약해졌는데
먹다 만 짜장 그릇에 빗방울이 담긴다
남자가 젖은 팔로 토해내는 담배 연기
가장이 짊어져야 할 삶의 무게
체중계로 달아볼 수 있을까
내뿜는 담배 연기가 허공을 잠식한다
게릴라의 습격으로 습해진 몸뚱이
언제 뽀송뽀송해질까
시장통 노점에서 그가 꾸는 꿈은 무엇일까
여름 인조이불 하나 베개 커버 두 개
사 들고 엄청난 적선이라도 한 양
질퍽한 시장 골목을 걸어 나온다

경찰서 담장의 장미넝쿨

경찰서 담장의 넝쿨 장미
풍만한 가슴인지 요염한 입술인지
꽃 속에 가시를 감춘 채
매혹적인 향기로 길손의 발을 잡는다

오월의 장미를 바라보면 그윽하게
다가와서 고열로 열병을 앓아야했던
장밋빛 사랑, 그 가시에 찔려
고통도 함께했던 인연의 두 얼굴

사랑이 꽃만큼 붉었을까?
찔린 입술에 피가 더 붉었을까?
엄마한테 거짓말 둘러대고 언니한테
요리조리 핑계 대던 날이 넝쿨을 뻗으며
대문 앞에 서성이다 담장타고 달아난다

석양을 품은 장미, 거꾸로
기억의 시간을 돌려놓는 묘한 꽃
추억은 오월의 장미와 함께 외출을 하고
제자리로 돌아올 땐 홀로 돌아온다

아치형의 구름다리

어린 시절 코 묻은 소매 끝자락이 반질거렸지
멀리 들판에 무지개가 둥그렇게 빛나고 있었다
무지개 잡자고 또래들과 뛰고 뛰고 했었는데
복숭아 꽃봉오리 터질 때의 순정이
나를 내리고 무지개는 승차하고
눈치채지 못하던 너는 왜 그 미소를 주었나
반백이 되고도 무지개 그리워하며 살고 있음을
드라이브 중 스쳐 지나는 황홀한 쌍무지개
꽃다운 부푼 가슴에 빛을 잃으니 무지개는 흩어졌는데
너는 어디에서 둥지를 틀며 그 눈빛으로
지금도 누구의 영혼을 훔치고 있는지
그래도 꿈은 아름답기에 추억이라도
실컷 매만지고 있으니

이영균

강원 춘천 출생. 《좋은문학》 신인상. 2015년 〈갯벌작가상〉 수상.
한국문협 문인권익옹호위원회 부위원장.
시집 『하얀 아침』 『금빛 하늘』 『네가 그리워질 거야』.

느낌표가 되고 싶어요 외 4편

-노총각의 고백(告白) -

이 영 균

꽃나무는 도돌이표입니다
해가 갈수록 유혹의 몸짓
점점 요염해집니다
나비는 단 한 번 황홀함에
그의 DNA에 파묻혀 말라 죽는
마침표입니다

올봄 화단에 나비의 마침표 아니
또 한 그루 꽃나무의 후손이
뿌리를 내렸습니다
봄이 몇 번을 지나고 나면
또 무수한 봄이 지날 때까지 나는
꽃나무 곁에 느낌표가 되고 싶습니다

그의 DNA를 접목한
나의 씨를 심고 싶은 나는
나비의 애무 한 번도 느껴보지 못한
무화과이니까요

돌하르방

돌엔 문(文)이 없습니다
한낮이 검도록 빗줄기는 저녁녘까지 한없습니다
가슴은 보이지 않는 허구의 극치여서 그 허전함
성긴 여망인 듯 어디론가 스미어
한 방울도 하소연의 흔적
남길 새 없이 이내 말라버리기에
돌은 젖을 가슴이 없습니다

한 생을 젖고도 묵묵한 그런 그를 보노라면
무언가가 울컥, 아득한 수평선에 사무치는
거칠고 검푸른 떠나지도 버리지도 못할 그런 그건
비에 모두 쓸려 내린 그의 가슴입니다
그리운 것들은 죄다 쏟아부은
한 생이 짙푸르도록 깊어만 진 그건
그의 바다입니다

바람이 거센 것도 채찍입니다
버티다 보면 굳건해져 바람의 중언부언 망부는
답(答) 듣지 않으니까요

한라라는 준마

그는 유채꽃이 피던 언덕에 서 있었네

모든 것 다 제 굽 아래 꿇릴 만큼 당당하였으나
주상절리 웅장한 석주 세풍에 씻기어
부서져 주저앉듯
넘실거리는 파도의 야멸참에 한낮
거북의 등 꼴이 되었으니
바람에 휘날리던 갈기의 풍광
이젠 어디에서도 찾아볼 수 없네

그 절경 담아내든 젊은 문사들도
그저 성난 파도 끝 절벽 위 고목처럼
필력 다 부서져 물결에
문체의 명맥만 거북의 등처럼
거룩히 잠재할 뿐이네

초심은 물결에도 산천에도 번득여 아직 푸르건만
황금빛으로 황홀하게 저무는 황혼 녘
헤아려 아쉬움만 커서
생에 한두 번 드러났을 허세 들켜본들 대수 갰나 만은
꺼뭇꺼뭇 드러나는 오름들

이 땅이 형성될 때 묻혀버린 미완성들처럼
어둠 속에서 끊임없이 되살아난다네

물결에 젖은 옷자락을 추스르는
한 마리 저무는 물새처럼 여윈 짝 회상으로
늙은 문사의 발목이 시리네
황금빛으로 물드는 황혼녘에

오월의 그림 속에서

아이의 그림 속에 자주 갇힌다
나무보다 더 뚱뚱해지고 샛강만큼 많은 물고기를 담고
하늘을 날아다니는 파랑새가 되는
지우개로 지워도 꾹꾹 눌러 써서 잘 열리지 않는 그림 안쪽
손끝에서 분출되는 생명의 숨결로
커다란 신발 자국에다 강낭콩을 심어 자라나면
성화에 둥둥 잭의 콩 나무 사다리로 하늘에 오르던

사다리가 휘면 투명한 날갯짓과 팔을 뻗어
하늘을 잡으며 소원을 채워주지
음악은 단순한 듯 콩나물 하나에 오케스트라가 되고
하늘에 구름만 그려놓아도 오싹 시원한 아이스크림이 되는
눈을 감으면 영화 속 주인공인 아이와 아빠

구름이 커져 그 속에 갇히면
살살 갉아먹고 해님처럼 다시 얼굴 내밀지
오월과 아이는 누가 준 선물인지
이곳저곳 수없이 잡아 돌려도 아빠는 슈퍼맨
하늘에서 내려오면 가족들과 꽃밭에서 활짝 웃지
온몸에 색실을 벗고 도화지에서 나오면
아이는 아득히 꿈에서 아빠를 찾아가고
아이의 머리맡에 또 키 크는 콩 나무를 심지

별을 차례로 밟고 뛰어다니려무나
별천지를 찾아가는 아름다운 오월

공갈빵

허세다

의문투성이였다
어쩌다 들추어내려 털어보면
철옹성처럼 더욱 조밀했다
그때마다 먼지는 쌓이는 것에서
침투의 것으로 기억들을 더욱
세밀히 했다

부서져 그 속 텅 빈 허구인 듯
무한한 가능성을 제시한다

별처럼 피어나던 환호성들
사라지는 아침이 오면
수평선부터 다시 붉게 달아오르다가
주변이 밝아지면 제풀에 서서히 또
식어버리고 마는 이국의 생에는
도전이고 진화다

부서져 텅 빈 듯 무한한
그 속

이진환

경북 포항 출생. 2014년 《국민일보》 신춘문예 신앙시 대상,
2016년 《다시올문학》 등단 jjjinlee@naver.com

거룩한 손 외 4편

이 진 환

아이야 가졌더냐
첫 입술에 설렌 가슴 여미던, 순정의 손을

아이야 보았느냐
별 뜨도록 호미질 치던, 씨앗의 손을

아이야 아느냐
실한 세월 지으려고 헛한 가슴 다독이던, 어미의 손을

홍시

툭,
떨어져 서산에 퍼진
홍시
마른침 삼키며 바라보는

홍 씨네 할매

떨어지면
어쩌나 어쩌나
저,
노을

목도장

성이 새겨지자 영광의 가문이 드러난다

중간자가 새겨지자 천상의 성품이 드러난다

끝 자가 새겨지자 천하의 인품이 드러난다

이름 석 자 다 드러나자 삼천 원, 찍으러 간다

막배

모양도 가지가지
많이도 실었다
한 코 뜨며 흘린 눈물, 감치고 당기면 아리지나 말지
한 코 꿰며 쉬는 한숨, 돌리고 늦추면 저리지나 말지
알뜰히도 엮었다

멸치 볶듯 하늘 향한 삿대질도
감자 조리듯 조린 자식의 일도
쉬운 것 하나 없이 옥죄온 날들이 빠짐없이 실려 간다

헛한 날은 풀어버린 콧물이듯 문지르고
실한 날은 하늘 향해 속웃음 내보이며
눌러쓰는 모자에 가슴 멍울 덮었다

물 주름에 주름 달고 노도 없이 떠간다

어떠랴
닿는 곳은 한곳일 터

바람이 닦달하는 건너편, 나루터의 불빛이
따뜻한 아랫목이다

참 좋은 날

한나절을 비껴 앉는 그늘아래서
잔디를 몇 닢
툭, 툭 뜯다가 올려다보는
세월을 달아 내린 하늘 쪽문으로 나뭇잎파리가
아이들 웃음을 펴 올린다

저기,
눈부신 햇살에 살짝 지은 이맛살로
모시 색 김이 오르는 커피 향을 받쳐 든 아내가
바람의 물결인양
가슴이 벙그는 허공이다

커피 한 모금에
어느 적,
어머니의 땀 절은 무명 적삼 냄새가 난다
흥건한 이마의 땀을 훔치시며
하루를 눌러 쥔 호밋자루로 삽짝 문을 들어서서
질끈 동여맨 허기를 한 바가지 물로 채우시던 어머니셨다

이 커피가 어디 그 물맛만 할까마는
커피 향이 어머니 땀 절은 적삼 냄새만 같아서
입술을 적셔가며 오래도록 마셔보는

참 좋은 날이다

조영환

충북 괴산 출생. 2009년 계간 《다시올문학》 등단
jyh724@hanmail.net

감 외 4편

조 영 환

강화도 선원사지에서
가을날 감나무를 보다
절집 없는 절에 가부좌하고
제 몸 태워 공양하는 부처처럼
감나무 가지에 감들이 환하다
이윽고 당신이 입을 벌려
감을 먹는 눈부심
열반, 부처가 부처를 먹는

외포항(外浦港)에서

강화도 외포항에서
석모도 가는 배를 기다리네
섬에 와서 또 섬으로 가려 하네
섬인 자가 섬을 그리네
세상의 모든 글썽이는 저녁은
외포항에 모여드네
새들은 해지고 성근 날개를
외포항의 품에 접고
먼 바다 떠돌다 온 물결은 비단보다
부드러운 숨을 그 무릎에 내려놓네
외포항은 안을 열어주는 포구
섬에 와서 섬을 꿈꾸는 자에게
가없는 바깥인 안을 열어주는 포구

섬

눈 감으면
어느새 고향 집 어두운 방입니다
어릴 적 자다가 미명에 눈 떠보면
어머니
자다가 다시 눈을 떠도
어머니
기다림을 등대처럼 밝히고
엎드린 어머니
새벽빛 비쳐드는 창호
5촉 알전구 아래
라디오 낮게 켜 놓고
섬처럼 엎드려
화투 패 떼시던 어머니
긴 긴 날숨처럼 시나브로 무너지는 바람벽
살강 위에 정화수 떠놓고
팔월 공산에
이월 매화 패 기다리던 어머니
흑산도 거문도 앞바다에
파랑주의보 내렸다는
늙은 여자 아나운서의 먹빛 목소리
꿈결 속으로 흘러 가위를 누르는데
실눈을 뜨고 등대 주위로 몰리는

어린 물살들
눈 감으면 언제나
칠흑 같은
어머니 당신의 기다림 속입니다

우음도(牛音島)*

우음도는 섬이었다

바람 부는 날 으허엉 소 울음소리 들렸다는,
그러나 우음도에 가서 눈 비벼 찾아도
소 닮은 섬은커녕 바다도 없다

우음도에 닿고 싶을 때가 있다
누구는 삶을 고해(苦海)라 했고
누구는 삶을 그저 울음이라 했지만

울음이 마른 섬
삶이 휘발된 섬
그 풍경을
만져보고 싶을 때가 있다

간혹, 생은 창피함이나
부끄러움도 모르고
길바닥에 주저앉아
혼자도 없이
엉엉 우는 것이라 느낄 때
불현듯 우음도에
가닿고 싶을 때가 있다

천지에 하늘과 구름과 삘기꽃뿐인 우음도
진펄 같은 기억 속에서
삘기꽃이 피고 작은 새가 우는

고요의 정면

지평선에 음표가 되어 걸린
거대한 울음을 보고 싶을 때가 있다

* 우음도- 경기 화성시 송산면 고정리의 섬이었으나 시화호 방조제 공사로 개활지의 동산으로 변함.

비자(榧子)나무

1

수인(囚人)처럼 여자가 누워 있다
병원 응급실에 비자(非字)가 누워 있다

온통 관절이 불거진 팔 다리
손가락 마디마디에
'아니다', '아니다', '아니다'를
맹목의 갈퀴처럼 피우던
제주의 늙은 비자(榧子)나무

자정이 넘은 병원 응급실에서 밭은 숨을 헐떡이고 있다
위세척을 당한 채 응급실에 누워 있다
끌탕한 이승에 다시 강제 소환된 노여움으로
완강하게 등을 돌리고 누워 있다

비자(非子)여,
당신이 생의 문고리를 당기지 않았다는 것인가
수인처럼 살아 있는 것이 당신이 아니라는 것인가
아니다 아니다 아니다의 사이에 무슨 길이 있었던가
비자(非字) 한 글자로 세상을 작파한 비자여

2

외삼촌이 일곱 살짜리 나를 데리고 김녕모살밧디*를 갔지
너는 아방*을 봐야 한다고
제주 4 · 3 사건 때, 김녕바당* 모살밧디서
포승에 묶인 아방을 바당 쪽으루 세우고
군인이 뒤에서 총살한 아방을
그래도 너는 보아야 한다고

나는 아방을 알아볼 수 없었네
아방의 얼굴은 없었네
눈도 코도 입도 아무것도 없었네
시꺼멓게 타버린 무서운 구멍만 있었네
일본에 유학을 다녀 온
제주도 북제주군 구좌면 종달리의 이장
제주의 최초 1급 항해사였던 나의 아방은 없었네

팔순의 할망*이 아들의 염(殮)을 했네
집에서 이불솜을 뜯어와 구멍난
아들의 얼굴을 메우고
화약에 타고 피범벅이 된 아들의 시신을
눈물로 닦아내어 염을 하였네

아방을 찾아 나섰던 나의 어멍*도
그 다음날 종달리바당 둥근모살*에서
아방처럼 군인에게 총살당했네

3
누가 다녀갔는가
저 찢기고 남루한 목숨을
누가 발소리도 없이 다녀갔는가
목구멍으로 억지로 넘긴 미음 몇 술뿐인데
누가 제주 할망의 겨드랑이를 붙들어 일으키는가
누가 제주 할망의 무릎을 세우고
누가 제주 할망의 새 숨을 돌게 하는가

4
수면제를 먹어도 못 죽고
농약을 먹어도 못 죽는 제주의 비자나무

죽음까지 비워냈는가, 투명하다

아파트 베란다,
햇살에 종아리를 잠그고
건조대에 빨래를 널고 있다

풍랑 사나운 저 고요한 얼굴

난바다 사나운 말들을
기억 속에서 꺼내어 널고 있다

천지사방에서 귓가로 물밀던
'뽈갱이떨' *이라는 말을 널고 있다
난바다에 남편과 세 아들을 앞세운 비자나무
서방과 새끼 잡아묵은 년
때깔도 좋다는 말을 탈탈 털어 널고 있다

저 비자나무, 비로소 죽을 수도 없어서
온 생을 찢어 펄럭거리게 했던 말을
이제 눈물 반짝이는 연두로 피워내고 있다

* 김녕모살밧디 : 김녕모래사장
* 아방 : 아버지
* 김녕바당 : 김녕바다
* 할망 : 할머니
* 어멍 : 어머니
* 종달리바당 둥근모살 : 종달리바다 둥근모래밭
* 뽈갱이떨 : 빨갱이딸

최 명 심

그네

그녀의 이력

앵무새

경비실 김씨

소리의 문

부천여성문학회 회장역임, 《다시올문학》 기획이사, 인천문인협회 회원
동인시집 『슬픔의 각도』 proseis@naver.com

그네 외 4편

최 명 심

소래산 숲속 작은 교회
달개비가 가득한 모래밭 낡은 밧줄에
그네가 묶여있다

모래밭에 반쯤 몸을 묻은
폐타이어 빈속을 바람이 들락거리고
새소리가 부딪치던 종탑에
담쟁이 넝쿨이 타고 오른다

하늘로 날아오르듯 그네를 탔던
아이들은 모두 어디로 갔을까

"무궁화 꽃이 피었습니다"
술래도 간곳없고
돌아보니 모래 위에 새들의 발자국만 어지럽다

딱새가 풀섶 벌레들을 찾는 사이
바람이 모래밭을 훑고 지나가는 사이
달개비 꽃 홀로 그네를 탄다

교회 종소리는 멈추었지만
첨탑 옆 산벚나무
하얀 꽃잎 뿌리고 있다

그녀의 이력

바람이 아직 몸속까지 파고드는 2월 끝자락
소래산 등산로 입구에서 그녀를 만났다
때 이른 반바지에 무릎까지 오는 등산양말을 신고
양손에 스틱을 거머쥔 그녀
지워진 눈썹, 허공에 둔 시선은 미동도 없다

잘록한 허리와 긴 다리,
사람 눈길을 꽤나 끌었을 그녀의 팔등신 몸매,
백화점이나 명품샵 쇼윈도에서
그녀를 닮은 여자들을 만들어 내던
이력이 있을 것이다
비바람이 그녀의 어깨를 밀어 보지만
보라색 고어텍스 모자만 벗겨질 듯 위태롭다
여전히 그녀의 얼굴엔 표정이 없다

소래산 정상에는 새벽등산객들
다투어 메아리를 불러오고 있다
철제 난간을 잡아 흔들며 소리치는 한 남자,
내가 잘 나가는 직장에 다녔는데를 반복하며
연신 막걸리를 들이킨다
새순 돋은 나뭇가지를 꺾어 허공을 휘젓더니
가파른 바람에 휘청 무릎을 꿇는다

그 남자의 깨진 무릎을 생각하면 내려오는 하산 길
그녀를 또 만났다
그녀가 썼던 모자는 어느 중년의 머리로 옮겨가고
다시 그녀의 머리에 씌워진 새모자,
바코드에 쓰인 가격표를 살짝 뒤집어 본다

어느 백화점쇼윈도를 거쳐 이곳 난전까지 떠밀려 왔을까
그녀가 모자를 팔고 있다

앵무새

늦가을 오후 어린이대공원
홍단풍 낙엽진 길로
사람들이 분주히 지나다닌다

아이들과 연인들이 삼삼오오
동물원, 식물원으로
더러는 놀이공원으로 발길을 돌리는 사이
내가 본 곳은
작은 숲을 촘촘한 철망으로 짜 막은 앵무새 마을

한쪽 경첩이 헐렁해진 천막문을 밀치고 들어선다
자작나무 가지마다 앉아있던 새들이 날아와 어깨에 앉는다
놀라 고치처럼 말아 올린 내 어깨를 쪼아 댄다

여자아이가 내민 손바닥 먹이를 쪼아 먹는 동안
철망을 넘나드는 웃음소리,

아이들이 철망 안을 드나들 때마다
손바닥으로 어깨로, 머리위로 옮겨 다니며 새들이 운다
저 초록과 노랑의 날갯짓은
노래일까 울음일까

새장에 갇힌 새는
한쪽 날개를 퍼덕이며 철망 안의 높이만큼 하늘로 날아오르는다
바람을 움켜잡지 못한 날개의 비행곡선
쳐진 날개를 철조망 안에 다시 가둔다

오늘도 지는 해를 등지고 날아오르는 앵무새
제 그림자만 길다

경비실 김씨

잠비에 후두둑 떨어진 장미꽃이
담장아래 수북한 아침
대싸리비로 젖은 꽃잎을 쓸어모으던 김씨
시멘트 바닥에 찰싹 붙어 쓸리지 않는 꽃잎까지
손으로 떼어 쓰레기 봉투에 담았다

언제나 면장갑을 끼고 반갑게 인사하던 김씨
담장아래 떨어진 꽃들을 바라보며
몸 안의 시간이 툭툭 떨어지는 것 같다던 그,
4년째 옆구리에 달고 있는 배변기를 만진다

백운산 도마치봉 아래 웅크린 장례식장
아파트 담장에서 장미꽃잎 떨어지듯
지금은 꽃잎을 영정리본으로 두른 김씨,
문상객 하나 없는 영안실에
아홉 살 어린 아들, 벽에 기대채 잠들어 있다
영정사진 속에서 잠든 아이를 바라보며
대싸리비로 꽃잎을 쓸어내듯
아홉 살 아들의 이마를 김씨는 천천히 쓸고 있다

소리의 문

성대를 타고 열렸다 닫혔다 흐르는 호흡이
내 몸 안에 갇혔다

의사는 급성후두염과 성대결절로
어쩌면 목소리를 잃을 수 있다고 말했다

담장 너머 벚나무 가지마다 꽃망울 톡톡 터지는 소리
문득, 저 꽃망울 터지는 소리는
오랜 세월 내 안에 갇혔던 소리가 아닐까

닫혀있는 후두 깊숙이 스테로이드를 밀어 넣는다
꽃망울 터지는 소리가 후두를 지나가고
혀와 입술이 부드럽게 풀어진다

굴포천 마저 말라버린 가뭄 끝에 봄비가 내린다
봄비가 유리창에 부딪힌다
빗방울이 만든 둥근 파문들,

소리가 다시 내 안에 갇힌다
조금씩 소리가 후두로 흘러간다

최창순

강원도 출생. 2009년 《다시올문학》신인상. 제2회 다시올문학상 수상.
양평 글샘문학회장. 시집 『아내와 그네』. chsunch@hanmail.net

대나무의 고집 외 4편

최 창 순

땅속 깊이 뿌리 뻗어 터를 잡은
대나무

기초공사를 튼실하게 해 놓고
사 년 만에 떡잎이 나온다
조급함이 없다

뒤늦게 키를 늘이며
놓쳤던 시간을 따라잡는다
그의 속도를 따라갈 나무는 없다

뿌리가 깊어 하늘로 곧게 뻗어가는
대나무

바람이 흔들어도 꺾이지 않는다
속을 비우고 눈비 내려도
파랗게 웃음 짓는 유연한 자태

비워야 채움이 있다
참 선(禪)이다

빈농가

오목 골 끝자락 기와집 한 채
세월의 무게에 안방 윗방은
무너지고,

뼈다귀 앙상한
사랑방만 남았다

치매 걸린 할머니
아들이 데려간 후
농가는 시름시름 앓더니
우울증에 걸렸다

수시로 드나드는 바람에
대문도 관절이 삭아 주저앉았다

가을이 오면
스산한 바람에 소쩍새
울음소리만 다녀가고,

어디서 찾아오셨는가
마당 가 민들레꽃 한 무리
머리가 세도록 주인을 기다린다

동백꽃

사방이 검푸른 바다로
포위당한 오동도,

갯바람이 거친 물보라를 일으키며
바위를 후려친다

거센 파도에 살점 뜯긴
크고 작은 바위들,
짐승을 닮았다

억겁(億劫)의 세월
묵묵히 받아준 고통의 흔적이다

돌 틈바구니에서
어제와 다름없이 붉게 물든
아픔으로 오동도를 보듬고 있는,

억센 듯 가녀린 저 동백
갯벌을 헤치며 모질게 살아온
어머니 모습이다

아내

좋아하면서 사랑한다
말 한마디 못하고

살 부대끼며 몽당손 되도록
살아온 사람

웃고 울며 살다 보니
오십 년이 훌쩍 흘러갔군요

쓴소리하면서
곁에 있어 준 사람
그것이 참사랑이란 걸

단풍잎이 되고서야 알았습니다

함께할 시간이 얼마 남았을까
가슴만 저밉니다

개구리 소리

산골 들녘에 어둠이 물들면
논바닥을 떠메고 가는 상엿소리

밤 지새우도록 숙연케 하는
저 슬픔, 내 작은 서재까지 다가와
책갈피마다 눈물로 얼룩진다

장마 지면
밤중에도 논물 보러 가시던
아버지가 그리워지는 밤

동지섣달 함박눈 속에
아버지를 묻고 돌아오는 길

그날처럼 오늘밤도 절절히
가슴 저린 저 곡(哭)소리

고양이 골목

전망

송옥임

잊히지 않는 노점 아저씨

어느 분식집에서

2003년 시집 『하얀 그리움』으로 작품 활동
2007년 《다시올문학》 소설 신인상

| 수필 |

잊히지 않는 노점 아저씨 외 1편

송옥임

저는 몇 년 전까지만 해도 생계를 위해 꽃 장사를 했었습니다. 말로는 꽃장사라고 하지만 실은 '관엽식물' 이 대부분이었고 꽃이 피는 식물은 가끔 팔곤 했지요.

제가 장사를 했던 곳은 경기도 고양시 덕양구 지축동에 있는 '동성식물원' 이었는데, 그곳은 도매시장인 관계로 아침부터 상인들로 붐비곤 했습니다. 예전엔 장사가 곧잘 되었던 탓으로 거의 봄이면 정신없이 바빴답니다.

선인장이 한창 유행했을 때 선인장도 취급하였는데 참으로 웃지 못할 일이 많이 벌어지곤 했지요.

가끔 손님 중엔 희귀종의 선인장을 찾곤 했는데 저는 혼자

장사를 했던 관계로 물건을 사오는데 많은 어려움이 있었습니다. 손님이 많은 오전 중엔 장사하고 조금 한가해지는 오후 두세 시 쯤엔 농장을 찾아다니며 물건을 사와야 했지요.

그때 저는 운전기사에, 판매원에, 주부에, 엄마 노릇까지 눈코 뜰 새 없이 바빴습니다. 물론 장사도 곧잘 되었는데 그 당시 선인장에 대한 웃지 못할 이야기를 지금하려고 합니다.

그날도 봄날이라 손님이 제법 많았다. 손님이 가끔 희귀종을 찾았기 때문에 여러 종류의 선인장을 갖춰야 했기에 금호, 금사자, 백금 사자, 홍옥, 홍차옥, 비화옥, 설황, 대경, 사자왕, 춘봉, 백도선 등등.

선인장의 종류는 엄청나게 많은데 그중 '백도선' 에 관한 얘기를 하려고 하는데, '백도선' 이 '선인장' 인지 '다육식물' 인지 헷갈려서 언제 전문가를 찾아가 다시 알아보기로 하고 오늘은 그냥 '선인장' 이라 칭하고 이야길 해야 할 것 같습니다. '

어느 농장에서 '백도선' 은 원래 흰 부채라는 뜻이라고 말해주었다.

그날따라 백도선을 심은 화분이 달랑 하나가 남아서 조금 걱정하고 있던 터에 노점을 하시는 육십 대 초반쯤의 아저씨(실은 할아버지)가 한분 오시더니

"이거 얼마요?"

문제의 백도선을 가리키며 물으셨다.

"예, 그거 2,000원인데 하나 남았으니 1,500원만 주시지요."

"다 시들었는데 1,000원에 주구려."

"요즘 희귀종들 찾느라고 난린데 그거 하나 남아서 걱정하고 있던 참이거든요. 1,500원 충분히 받을 수 있는 물건인데요."

"1,000원도 아깝수. 그냥 주구려. 안주면 그냥 가리다."

"그러시지요. 오늘은 그냥 가셔야겠어요. 그거 찾던 손님이 오실것 같아서요."

"그래요. 안 준다니 그냥 가야지. 별수 있나?"

뒷맛이 씁쓸했다.

그냥 줄 수도 있었는데…

사실 안 좋은 물건을 그냥 달라고 하는 손님도 가끔 있었다.

그러곤 정신없이 한나절이 지났을 무렵, 문제의 '백도선'을 찾는 손님이 왔는데 아무리 찾아도 '백도선'이 없었다.

잠깐 자리를 비운 사이에 선인장이 감쪽같이 없어졌다는 사실을 알았고 물건이 없으니 찾던 손님도 그냥 돌아가고 주위 사람한테 물어도 모두 아는 바가 없다고 했다.

분명 그냥 달라고 하던 아저씨가 가져갔으려니 생각하니 속상하기도 했다.

사실 '백도선'이란 선인장을 희귀종이라고 하면 선인장 농사짓는 분은 웃을 수도 있겠지만, 그땐 선인장이 유행했던 때라 그런 일도 종종 있었다.

그리고 얼마의 세월이 흘렀다.

동네 아줌마들과 차를 끌고 능곡에 있는 '볼링장'에 간 적이 있었는데 볼링장 건물엔 마침 주차장이 가득 차서 차를 세울 곳이 없었다. 그래서 건너편 건물의 주차장이 비어 보여 그곳에 잠시 차를 실례하려고 막 주차장으로 들어서려니까 건물 '경비원' 인 듯한 아저씨가 달려와서는 차를 가로막았다.

"잠깐만 주차하면 안 될까요? 건너 볼링장에 왔는데 주차장에 자리가 없어서요."

난 사정이라도 해볼 참이었다.

"어! 이 아줌마, 선인장 팔던 아줌마네…"

경비원 아저씨의 말에 자세히 보니 낯이 익어 보였다.

잠시 난 누군가 생각하느라 머뭇거렸더니

"저쪽으로 차 갖다 대고 놀다들 가시우."

아저씨는 주차를 허락하며 장소까지 가르쳐 주셨다.

그러는데, 한참 만에 그 아저씨가 누군지 생각이 났다.

내가 차를 주차 시키고 나오면서

"아저씨! 그 선인장, 제 오해는 아니죠?"

난 아저씨가 주차를 허락한 데 대한 고마운 마음으로 그렇게 물었다.

"오해 아니우. 그러니 내가 주차하라고 그러지. 미안하우. 이런 데서 만날 줄은 몰랐네그려. 그러니 죄짓고 못산다고들 그러나 봐. 나, 이제 장사 그만두고 여기 경비원으로 취직했수, 그러니 아주머니들 잘들 놀다 가시우."

아저씬 머리를 긁적이며 미안해하셨다

"건강하셔서 좋아 보여요. 주차 허락해 주셔서 고맙습니다."

우리 일행은 맘 편안하게 주차를 세우고 볼링장에 가서 저

녁내기 게임을 했는데, 기분 좋게 상대편을 이겼다. 우리는 경비원 아저씨의 '거수경례' 를 받으며 주차장을 빠져나왔다. 그리고 저녁을 먹기 위해 삼송리 쪽으로 돌아왔다.

그 후로는 그 아저씨를 본 적은 없지만, 아마 건강하게 잘 계시리라 믿는다.

그동안 나도 장사를 그만두었고 가끔 상인들 '왁자지껄' 하는 시장이 그립다.

어느 분식집에서

어느 날 오후에 시장엘 들렀었다.

별로 사야 할 물건이 있었던 건 아닌데 그날 왜 시장엘 갔는지 지금 잘 기억나지 않는다. 단지 분식집에서 있었던 일 말고는…

갑자기 국수가 한 그릇 먹고 싶어서 분식집을 그냥 지나칠 수가 없어 조금 망설이며 서성이다 기어이 분식집으로 들어가고야 말았다. 분식집은 비교적 조용한 편이었는데 구석진 자리에서 젊은 아기엄마가 라면을 시켜서 먹고 있었다.

난 앉을 자리를 찾다가 자리가 마땅치 않아 그 아기엄마와 가까운 자리에 가서 앉았는데 아가는 낡은 유모차에서 세상모르고 새근새근 자고 있었는데 어쩌다 그 아기엄마와 눈이 딱 마주쳤다. 너무 선량해 보이는 눈빛이었다.

자는 아기와 엄마를 번갈아 바라보았는데 언뜻 보기에도 몹시 가난해 보였다.

젊은 아기엄마는 그 시간이 되도록 라면 외에 아무것도 먹지 못한 모양인지 조그만 일에도 금세 두 눈에선 주르륵 눈물이 쏟아 질듯이 맑고 곱던 그 눈빛이 지금도 가끔 생각이나 자꾸만 가슴이 아프다.

내가 주문한 국수가 날라져 오기 전에 아기엄마는 라면을 다 먹고 라면값을 계산하는데 내가 자꾸 바라보는 바람에 그만 아기엄마는 지갑 속을 내게 들키고야 말았다.

천 원 짜리 몇 장 달랑 들어있던 그 지갑에서 2,000원을 꺼내 계산을 하고 분식집을 나서면서 "세상 살기가 너무 힘들어요." 하고는 서둘러 아기를 태운 유모차를 밀고 밖으로 나갔다.

내가 잘못 했구나.

쓸데없이 괜히 자꾸 봐라보았구나 속으로 그 아기와 아기엄마를 자꾸 봐라본걸 후회했다.

그저 내 자식처럼 생각되어서 그랬는데…

주문한 국수가 나왔지만 그만 입맛이 없어져서 난 국수를 절반도 먹지 못하고 그만 분식집을 나오고야 말았다. 그 젊은 아기엄마를 생각하니 속상하고 미안했다.

천사 같던 어린아이를 잘 키우며 잘 살아가야 할 텐데…

세상이 너무 고르지 못한 것에 화가 나기도 하고 조금 도와

주지 못한 나 자신에게도 화가 나 기분이 엉망이 되어 버렸다.

그 자리에서 어쩔 수가 없었다고 하면 아마 구차한 변명일 것이다.

국립중앙도서관 출판예정도서목록(CIP)

고양이 골목 / 지은이: 김경식 외. -- 서울 : 다시올, 2016
p. ; cm. -- (다시올 작가회 전망 ; 5집)

ISBN 978-89-94414-73-7 03810 : ₩10000

한국 현대시[韓國現代詩]

811.7-KDC6
895.715-DDC23 CIP2016031011

다시올 작가회 전망 5집

고양이 골목

지 은 이 | 김경식 외
발 행 인 | 김영은
디 자 인 | 박지혜

최판인쇄 2016년 12월 15일
초판발행 2016년 12월 25일

편집제작 | 다시올
출판등록 | 제310-2007-00028
주 소 | 서울 노원구 월계동 382-55
전 화 | 070-7431-5941
팩 스 | 031-855-0023
메 일 | maxim3515@naver.com

값 10,000원
ISBN 978-89-94414-73-7 03810

* 파본은 본사나 구입하신 서점에서 교환해 드립니다.